S

DE LA

CHASSE A LA BECASSE.

Tiré à 111 Exemplaires :

  1 sur peau vélin ;

  2 sur papier de Chine ;

  8 sur grand papier vergé de Hollande ;

100 sur papier vergé teinté.

Nᵒ 

LYON

IMPRIMERIE LOUIS PERRIN

J. M. Fugère aquâ forti.

DE LA

CHASSE A LA BÉCASSE

A TIR ET AU CHIEN D'ARRÊT

TELLE QU'ON LA PRATIQUE

DANS LES DÉPARTEMENTS DE L'AIN ET DU JURA

par

UN CHASSEUR RUSTIQUE

Deuxième édition revue par l'auteur

BOURG

GROMIER AINÉ, ÉDITEUR

1869

AVIS DE L'ÉDITEUR

E petit opuscule que nous offrons au public, après avoir paru en feuilleton dans un journal de la localité et avoir été tiré à quelques exemplaires seulement, sous forme de brochure, est devenu tellement rare que c'est avec beaucoup de peine que Messieurs les Amateurs parviennent à se le procurer ; aussi croyons-nous qu'une deuxième édition revue par l'auteur et imprimée à un nombre d'exemplaires très-limité, mais avec autant de luxe que possible, sera bien accueillie, non-seulement des personnes qui, connaissant la valeur réelle de ce petit traité, le recherchent en vain et attendent impatiemment cette réimpression, mais encore de celles qui, bien que le possédant déjà, aimeront à le retrouver sous une nouvelle forme digne et de l'ouvrage et de l'auteur.

CHASSE A LA BÉCASSE

E tous les oiseaux qui se chassent au chien d'arrêt, la Bécasse est au premier rang et doit figurer immédiatement après le Faisan. C'est même le Faisan des bois *qui n'en ont point d'autres*. C'est qu'en effet, à défaut de ce dernier, c'est celui qui offre le plus de jouissance au véritable amateur, et j'entends prendre ces mots *jouissance* et *amateur* dans leur plus vive acception, aussi tiens-je à écrire le mot Bécasse avec un B majuscule. Combien orgueilleusement, en effet, se pare la carnassière même d'une seule Bécasse. C'est qu'elle a coûté, en général, pour y arriver, de la peine et de l'adresse au chasseur, de la science et de la sagesse au chien, et qu'un véritable amateur est celui qui ne trouve son plaisir que dans la difficulté vaincue d'abattre une pièce de gibier belle, bonne, riche et recherchée.

La chasse à la Bécasse offre, en conséquence, un attrait particulier, surexcite le chasseur et le chien, par son piquant, son imprévu. Elle mériterait donc un chapitre spécial, qui renfermât la plupart des observations auxquelles son exercice, une longue pratique et des succès couronnés de *chevrons* ont donné lieu, de la part des vieux maîtres. — Sur un sujet puéril, on écrit en général en plaisantant beaucoup; on ne disserte pas, on cause, on *narre ;* celui de la chasse au chien d'arrêt a presque toujours été traité ainsi, c'est-à-dire assez mal traité, et sans leçons élémentaires. Et pourtant, si l'on veut bien m'accorder que, pour réussir dans le moindre ou le plus léger des genres, il faille encore un certain sérieux d'application, on conviendra que ce n'est pas toujours par le côté plaisant que le professeur réussira à former des élèves. L'école n'est ici que celle d'un plaisir innocent, mais les prix n'y seront gagnés que par les observateurs ou par ceux qui auront puisé aux observations des autres les véritables secrets de l'art.

Quant à la chasse de la Bécasse, il y faut, en dehors de l'expérience, une aptitude particulière comme premier moyen de réussite. On devient tueur de lièvres, de perdrix et de cailles, mais on naît *Bécassier*, expression consacrée.— Ajoutons que de toutes c'est la moins *braconnière*, celle qui demande le plus *d'ordre* pour l'amateur. Car, par ces expressions de *chasse à la Bécasse*, nous n'entendons point parler de ces battues au bois, dans lesquelles on fait bourrer hommes, enfants et chiens dans les fourrés, pendant qu'on attend la Bécasse à la lisière. Ces tracs sont, si vous voulez, excellents et d'un noble plaisir s'ils sont pratiqués dans de vastes réserves et pour tout autre gibier; mais pour notre bel oiseau nomade et cosmopolite, ce mode serait un moyen dicté

par la paresse, et qui dénoterait un abaisse-
ment de goût que nous n'admettons pas chez
les vrais disciples de saint Hubert.

Tous les pays ne sont pas à l'unisson pour
cette chasse, qui est exceptionnelle. Les départements de la frontière de l'Est, ceux de la
zône de Bretagne sont privilégiés sous le rapport du passage de la Bécasse. Quant à la ma-
nière de la chasser, j'ignore comment on s'y
prend ailleurs que dans l'Ain et le Jura ; mais
dans ces deux départements on excelle à ce
plaisir. Quelques amateurs étrangers, en venant
s'implanter dans ces pays-ci, paraissaient ne
pas se douter de ce qu'était cette chasse, et
quand il m'arriva de leur dire que, pour la
pratiquer avec succès, il fallait percer au bois,
pénétrer les fourrés en suivant le chien, ils
n'y voulurent pas croire d'abord, jugeant le
tir de la Bécasse impossible dans de pareilles
conditions où la peine passait le plaisir. Mais,
bientôt disciples ayant la foi, et surtout témoins
du succès des maîtres, ce qui est bien autre-
ment entraînant, ils tâtèrent de l'école, suant
à la peine, et furent récompensés.

Ce précieux gibier a l'avantage de se faisander lentement et de se manger tard. En cela il rappelle ces beaux fruits d'hiver qu'on recommande de planter de préférence. Je veux parler des poires fines, qui, cueillies à la fin d'octobre, ne se mangent qu'en janvier et février; de telle sorte qu'on peut dire que la Bécasse est à la perdrix ce que le Doyenné d'hiver ou Bergamotte est aux Beurrés d'automne. Seulement, en demandant grâce pour cette plaisante comparaison, j'observe la différence à établir entre le *Bécassier* et l'arboriculteur-horticulteur, c'est que, si ce dernier consomme, il crée, soigne et reproduit, tandis que, hélas! le premier poursuit, extermine, détruit et ne saurait reproduire. Aussi a-t-on mis plus d'un frein à la fureur des flots de sa passion, et dans plusieurs départements, notamment dans l'Ain, il y a interdiction récente de chasser la Bécasse au passage du mois de mars (1).

Cette mesure sévère est sujette à de justes

(1) Cette immunité a été rendue au département, et la chasse de la Bécasse et de la Bécassine est permise du 1ᵉʳ au 31 mars, depuis l'année 1866. (*Note de l'éditeur.*)

critiques ; elle est l'objet d'amères récrimina-
tions. Il n'entre pas dans notre mission d'en
discuter le mérite ou d'en flétrir les rigueurs ;
« *non erat hic locus* ». Nous supposons au
contraire que les préfets ont tous dit : « La
carrière bécassière est ouverte libre et franche
en mars comme en octobre et en novembre. »
Mais permettez, chers confrères en saint Hubert à longs becs, avant de vous jeter à corps
perdu dans les bois qui recèlent ces trésors em-
plumés, souffrez que je vous parle, sinon pour
vous instruire — je n'en ai pas la prétention —
du moins, pour vous communiquer et mon
feu sacré et le fruit de mon expérience de
vingt-cinq ans de pratique.

Et d'abord, n'allez pas croire que ce bel
oiseau soit ce qu'on le dit généralement. Son
nom fournit un emblème injurieux pour le
beau sexe et plus sot de la part de ceux qui
le choisirent que juste comme signification. Il
se prend, en effet, de bien mauvaise part
comme terme de comparaison : « C'est une
bécasse, dit-on d'une femme sans esprit. »
Avouons que sous ce rapport, l'emblème étant

féminin, il y a bien des hommes qui mérite-
raient également.....; mais je m'en souviens,
ils ont aussi l'oiseau de leur genre, c'est le
Butor. Celui-là n'a pas usurpé sa réputation;
il est franchement stupide, et si j'avais le
choix, j'envierais, même dans la mauvaise for-
tune des exceptions du beau sexe, le sort qui
a été réservé à ce dernier de n'être, en pareil
cas, comparé qu'à la Bécasse. Cette digression
sur les emblèmes nous amène naturellement
à nos Bécasses, aux Bécasses qui ont de l'esprit.

La Bécasse est, en effet, un oiseau rusé et
qui a parfaitement l'instinct de sa conservation. Elle est fine à la chasse comme sur la
table, et se défend du coup de fusil par mille
tours de pattes et d'ailes. Donc, si vous n'êtes
pas habile et expérimenté dans l'art, ayez un
chien qui le soit au moins pour vous. Le
meilleur est celui qui n'est pas conscrit et qui
a déjà fait deux ou trois campagnes à la perdrix et à la caille. Tout chien de bonne race
mord à ce dernier gibier dès son début, mais
l'étrenne de la Bécasse est une épreuve. Le

chien le plus apte, celui même qui doit un jour y exceller, ne connaît point ce trésor d'emblée. C'est une truffe noire à laquelle son nez n'est pas fait *de naturâ*, et il n'y *donne* qu'après un long exercice. Les qualités de race passent dans le sang, mais le talent, l'expérience s'engendrent du fait individuel de l'animal. Pour la chasse de la Bécasse, il faut un chien doué de toutes les qualités requises pour la perdrix, la caille, etc., et de plus, d'une grande finesse de ruses. Avec ce bagage d'aptitudes, le chien peut se mettre en route pour la recherche de notre oiseau forestier. Il y faillira d'abord, mais s'y formera bientôt, roué, habile, consommé, surtout si vous êtes *tueur*. Le choix du genre, sous le rapport du poil est indifférent : à poil ras, s'il n'y a pas trop d'épines dans votre champ boisé d'exploitation, à long poil et à poil rude, si le contraire a lieu ; le chien sage, docile et froid est à apprécier également dans les deux cas.

Celui qui quête la Bécasse avec le plus de rapidité, de vivacité et d'intrépidité, est celui qui en fait voir le plus abondamment, mais qui en fait tuer le moins : vous ne pouvez le suivre dans les fourrés. Vous aurez bien la ressource du grelot, mais le grelot fait vider l'enceinte au gibier. Ce chien-là met les Bécasses en l'air pour les autres chasseurs, c'est *un traqueur;* or, je l'ai dit, « *arrière le trac !* » Le chien *bécassier* doit être plutôt lent que vif. C'est peut-être pour cela que le poil ras serait préférable, les fourrés épineux tempérant son ardeur. Il doit être, avant tout, bon *pietteur*, savoir goûter la voie sagement, avec réflexion et prudence, s'y coller, arrêter plusieurs fois d'avance, pour que son maître ait le temps d'arriver, de suivre, et enfin, au dernier et solennel arrêt, de se choisir une place favorable, où les coudées soient franches pour tirer l'oiseau dans les meilleures conditions. C'est à ce moment suprême de plénitude d'émotion que le chasseur sent son plaisir au vif... Le chien est là... la Bécasse aussi... où partira-t-elle?.., se dit-il.., pourrai-je l'atteindre? Ah! si je l'apercevais par terre..., etc., etc., car on se dit toutes ces choses-là, et bien d'autres encore. La Bécasse, provoquée au vol par votre présence ; la Bécasse, que vous n'avez pas vue par terre, prend son essor à travers les branches, et... *pan*, vous la... tuez, si vous êtes un fort. Sinon, vous la..... Mais non, il ne faut pas décourager les débutants ; vous la tuez donc, c'est convenu. Le chien l'a vue tomber et vous la rapporte. Si c'est au mois de novembre, quelle graisse fine et quel parfum sauvage et apéritif ! Vos yeux se mouillent d'attendrissement... Vous vous embrasseriez si vous pouviez vous retourner tendrement contre vous-même. Vous embrassez du moins votre chien ; vous lui faites sentir la pièce ; il s'en détourne, c'est qu'il ne l'aimait que vivante. Il vous l'a cependant rapportée morte ; c'était par pure obéissance. Le dévoué serviteur ! Alors, avant de vous décider à abandonner au filet du carnier votre proie précieuse, vous la repalpez, la reflairez. C'est la première de la saison... C'est la reprise de cet opéra chéri... Combien cette *représentation* est émouvante ! Votre bouche se mouille d'avance comme si vous l'inondiez des eaux vineuses de cette même poire Bergamotte dont je vous parlais tout à l'heure par hardie métaphore.

Ce tableau esquissé, je retourne à la mé-
thode.

Le meilleur chien parmi les *pietteurs* est
celui qui *défile* le mieux, le plus droit, le plus
sagement sur le *pied*, sans retour sur la tête de
voie, et qui conserve en cela des allures mono-
tones, calmes et *graves*. Je ne retire pas cette
dernière expression, songez que nous sommes
ici dans la *magistrature* du chien. — Le plus
habile se trompe néanmoins, et souvent il est
obligé de revenir sur ses pas : c'est lorsque
l'oiseau est une de ces Bécasses qui ont vu déjà
le feu partout ailleurs ; lorsqu'il court rapide-
ment sans vouloir se lever, tourne et retourne
en embrouillant son *frai*. — Mais il y a là une
chose à observer, c'est que vous reconnaîtrez
au degré de rectitude du *piettement* du chien
s'il piette *la voie* seulement, pour arriver à la
Bécasse calée de vieille date, ou s'il piette la
Bécasse elle-même sur pied, c'est-à-dire *piettant*.
En effet, s'il piette la voie il hésite, la voie étant
peu fraîche, puisque dans cette hypothèse
l'oiseau est calé au loin ; mais le contraire a
lieu, dans le second cas, par la raison inverse.

— Le chien rompu au métier doit guetter, à la détonation, l'effet du coup de fusil et voir tomber la pièce. Si elle est manquée, il indique la direction qu'elle prend en se dérobant aux regards laborieux du chasseur, et il marque cette direction par quelques pas ou sauts vifs exécutés sur la ligne de celle-ci, et la tête tournée en l'air du même côté. Ce signal est une donnée pour trouver la remise.

Avec un tel chien vous êtes *entraîné*, vous percez à sa suite les plus redoutables fourrés. Il ne s'écartera pas trop de vous. Suivez-le donc et songez que d'après mon hypothèse, le premier pas dans l'art étant fait pour vous par le bon chien, il vous reste à l'imiter, et que cet habile serviteur est pour le moment un chien d'*aveugle*, dont vous ne deviendrez le maître *éclairé* qu'autant que vous en aurez été le respectueux disciple.

Mais le chien, à lui seul, ne saurait faire tout le succès. Il faut encore une étude personnelle du chasseur pour le choix des cantons de bois à explorer, pour la variété des lieux de remises dans ces mêmes bois une fois choisis, suivant la variété elle-même des saisons, des caractères du *passage*, de la température du jour, de l'état de l'atmosphère, etc., etc. Tout ceci exige un grand talent d'observation. Il faut donc être exceptionnellement doué pour cette chasse exceptionnelle, comme nous le disions plus haut.

Dans notre département de l'Ain, nous constatons d'abord que les bois qui sont propices pour le passage de novembre, ne le sont pas toujours pour celui du mois de mars. En automne, c'est la *descente;* en mars, c'est la *remonte;* à la descente, les Bécasses aiment les taillis de huit à dix ans, un peu fourrés, sillonnés de ruisseaux que nous appelons ici des *mouilles.* En mars, elles recherchent moins les cantons humides ou irrigués; elles ne craignent pas le *sec;* elles songent plus aux amours qui approchent et moins à la nourriture des vermisseaux que donnent les terrains fangeux. Le ventre a cédé au cœur... le cœur des Bécasses!... Qu'en pensez-vous? Il est bien bon, dans le salmis, me répondrez-vous!... Et vous aurez raison.

Nous ne pouvons guère nous étendre ici

sur les mœurs détaillées de cet oiseau. Nous sommes borné par le cadre d'un article de journal. Le tableau ne peut être qu'une esquisse, une sorte d'analyse du traité élémentaire. Disons donc seulement qu'au mois de mars, nous avons remarqué que la Bécasse aime les clairières, les jeunes tailles, les fossés. Si, en entrant en chasse, vous en levez sur les lisières boisées, sur les douves ou le long des chemins d'un bois, c'est un signe de bon passage pour la journée, c'est-à-dire c'est un indice de la présence d'une certaine quantité de Bécasses dans le canton où vous tombez ce jour-là. Cette remarque s'applique aux deux saisons, novembre et mars. Mais, dans ce dernier mois, le passage est plus capricieux, plus irrégulier. Vous en trouverez beaucoup un jour, presque point le lendemain, et réciproquement. Bien mieux, vous trouverez, le même jour, tout le passage sur une seule ligne, et sur la ligne parallèle, à un ou deux kilomètres de distance, vous n'en lèverez pas une seule. Souffrez qu'à l'appui je vous fournisse la preuve de ceci.

Il y a six ans, au mois de mars, je battais les bois qui, aux environs de Bourg, longent sur la droite la route de Lons-le-Saulnier ; je trouvais en tout, dans ma journée, deux ou trois Bécasses ; mais j'entendais une fusillade à coups tantôt simples, tantôt redoublés, sur ma gauche, c'est-à-dire du côté des bois qui longent la même route sur la ligne gauche. Les deux scènes se passaient parallèlement à deux kilomètres l'une de l'autre ; la mienne, presque muette, l'autre retentissante. Je revins avec une seule Bécasse au carnier, en redoublant mes voies, me disant qu'il n'y avait probablement pas de passage ce jour-là, et que si l'on avait tant tiré sur ma gauche, ce ne pouvait être que sur des Bécassines, dans un marais qui, précisément, s'étend au-delà des bois de ce côté-là et se trouve voisin de ceux-ci dans une partie de leur longueur.

Je vous ferai observer, en passant, que la chasse au marais était alors ici permise ou tolérée, comme celle de la Bécasse, du 1er au 31 mars.

Le soir, je vais au cercle, j'y rencontre M. X.,

un vieux confrère chasseur, enfant du pays, *retord bécassier*, s'il en fût. « — Eh bien ! me dit-il, j'espère qu'il y en avait aujourd'hui ! En as-tu bien tué ? » A ces mots, parti d'une bouche orgueilleusement relevée sur ses coins, je mesure aussitôt l'étendue de mon infortune. Le scélérat me faisait la question comme préambule de son *narré* triomphateur. — Quoi ! lui répliquai-je, c'est donc toi qui as tant tiraillé sur ma gauche ?... Mais vous étiez au moins quatre à tirer ainsi ? — Non ! j'étais seul, et je n'ai tué que... *neuf Bécasses*, en en manquant au moins le double.

Je me tins donc pour averti. Le lendemain, je vais sur le champ d'honneur de mon rival de la veille, et sans en rien dire à ce dernier ; je lève et tue... *deux* Bécasses, mais j'entends tirer beaucoup sur ma droite. Le soir, au retour à la ville, on me dit que M. X. avait tué sept Bécasses dans les bois de..., etc., etc. C'était les miens de la veille. J'enrageais... Mon gaillard avait fait la navette avec moi, seulement avec cette différence qu'il l'avait faite par le bon bout et moi par le mauvais. Je jurai donc, mais un peu tard, qu'on ne m'y prendrait plus, et me rappelai trop tard aussi, qu'en pariant au jeu d'*écarté* il ne faut changer de côté... qu'à bon escient. — M. X..., savant dans l'art, avait tout simplement mis en pratique ce principe : que beaucoup de Bécasses dans un canton, la veille, se réduisent presque à zéro le lendemain, et réciproquement. — La leçon m'a servi ; le précepte m'est resté, et je vous le livre. Faites-en votre profit.

Il arrive quelquefois que, pendant le mois de mars, en Bresse, on bat, pendant plusieurs heures, des bois excellents pour les Bécasses, sans en lever une seule. Découragé, on songe au retour... et à la *bredouille*. Le fusil en bandouillère, le dos voûté, la tête basse, les yeux aux pieds, les jambes raides et le carnier lourd par son vide, on traverse un pâturage boisé, un pâturage à bouleaux, avec vernes et léger taillis sous les grands arbres... Le chien est je ne sais où ; on ne s'en inquiète plus : il n'y a rien aujourd'hui, c'est certain... Soudain, une Bécasse part de vos pieds..., on arrache le fusil de l'épaule..., on tire..., on manque ; le chien revient au galop, vous lève une, deux Bécasses encore. Vous voilà remonté sur votre dada. Vous allez à la remise, vous trouvez sept, huit ou dix Bécasses. C'est un passage *concentré* sur lequel vous êtes tombé. C'est un *paquet*, comme nous disons ici. Il y a donc des *paquets* même les jours où l'on croyait qu'il n'y avait pas de *voyageuses*. Le difficile est de les trouver. Avis donc ! et si vous n'avez rien vu encore, cherchez toujours avez zèle, même à la dernière heure. Voici la morale : *Ne vous découragez jamais.*

Au mois de mars, tous les bois sont bons, même les plus chargés de bruyères et d'herbes sèches ou de fougères sur leur sol. Bien plus, si les Bécasses ne sont pas dans les cantons propres, nettoyés, en général propices, cherchez bien vite et même de préférence dans les bois taillis, clairs de branchange, mais garnis d'épines et à fonds herbeux.

A cette saison, l'oiseau est sec, souvent maigre, à plumage peu fourni. Il part facilement, légèrement, de plus loin, fait moins de bruit, prend son vol en bécassine, se masque d'avantage s'il est au fourré. Il est donc plus difficile à chasser avec succès.

Au mois de novembre, les Bécasses sont plus sédentaires. Elles songent à se nourrir. En conséquence, c'est dans les cantons épais, humides, à sol gras et *mouilleux* qu'on les trouve, avons-nous dit. A cette époque, le tir est moins découvert, mais il y a lieu de plus près. L'oiseau est plus gros, plus lourd, plus facile à viser. Son essor est plus paresseux en général.

Au début du passage, à la fin d'octobre, dans les pays de montagnes surtout, on les trouve souvent dans les jeunes coupes à bord d'un grand taillis, à découvert en un mot. Cela a lieu de préférence les jours où le temps est couvert par un brouillard, sans froid. Les jours de gelée blanche aussi, lorsque à midi le soleil a percé et réchauffé le sol, la Bécasse, qui a gardé le fourré pendant la nuit, sort en piettant et vient encore se *caler* sur les lisières pour jouir de ses rayons et faire la méridienne à l'espagnole.

Toutes conditions égales, du reste, de la

température et de la variété du temps, la Bécasse, en automne, séjourne dans les bois du département de l'Ain, plus ou moins de jours et de nuits, suivant qu'elle a été plus ou moins dérangée dans sa solitude. En cela, nous faisons les distinctions individuelles suivantes, analogues à celles du mouvement des troupes militaires : *passages, séjours, garnisons.* Certaine troupe bécassière, arrivée ici dès le 25 octobre par la ligne de montagnes, ne lève le camp de la plaine *bressanne* ou *dombiste* que le 10 ou 15 décembre, si les grands froids n'ont pas encore paru ; ce sont les grosses Bécasses à fine graisse, les Bécasses gourmandes qui s'alimentent pour leur profit et pour le bonheur des amateurs gourmets qui les attendent à leur table.

Toute terre n'est pas nourricière pour la Bécasse. Celle de la plaine de Bresse et celle des plateaux de la Dombes le sont par excellence. Dans la région montagneuse de la zone de l'Ain et du Jura, ce gibier ne séjourne pas longtemps, n'y trouvant point les conditions alimentaires voulues. Il n'y exécute que des passages, mais certaines années ces passages se font en quelque sorte en détail, Bécasse par Bécasse, c'est une succession qui dure bien encore une vingtaine de jours.

D'autres fois, le passage d'automne a lieu presque en entier par la ligne de la montagne, sur le même plan; alors la plaine de Bresse en est à peu près frustrée. Le plus souvent la montagne n'a les Bécasses en bloc, que huit ou dix jours, et celles-ci descendent dans les bois de la plaine dès le 1er novembre.

Enfin, nous avons remarqué que, lorsque la *fournée* doit être abondante, elle suffit à garnir les lieux élevés et les bas-fonds plats, ligne d'en haut et ligne d'en bas, simultanément, pendant trente-cinq ou quarante jours ; c'est le fait des années privilégiées.

Toutes ces circonstances se produisent, suivant leurs raisons d'être relatives à la température, au temps qui a régné durant l'année. Si la fin de l'été et tout l'automne sont secs et chauds, la Bécasse, en octobre et novembre, *passera* de préférence par la zone des plaines naturellement humides et marécageuses, mais le passage sera très-pauvre. Si l'année est pluvieuse, l'automne brumeux, le passage s'effectuera en montagne aussi bien qu'en plaine. Si la fin de l'hiver est gibouleuse, le mois de mars donnera des passages par *paquets* gros et fréquents. Dans plusieurs des cas énumérés ci-dessus, l'oiseau se *cantonne* à la fin du passage, c'est-à-dire que quelques Bécasses paresseuses adoptent un canton, un coin de bois; mais ceci n'a lieu que vers la fin de l'automne; c'est la *garnison* dont nous avons parlé. Seulement c'est de la garnison individuelle et non pas en troupe. Ces sédentaires-là connaissent le pays, les remises. On les lève bien quelquefois, mais on les tire rarement *belles*. Elles sont pietteuses, rouées. Chacun les a vues, les *sait*, les a levées, mais elles *savent* trop aussi leurs chiens et leurs chasseurs. Le lacet de crin du braconnier en vient mieux à bout que son fusil.

Quant au tir de la Bécasse, nous avons dit qu'il demandait de l'*ordre*. Vous savez ce qu'on entend par *ordre* en langage cynégétique : c'est le *classique* du genre, plus la distinction,

l'élégance, l'aplomb, le *secundum artem* enfin.
Je pourrai peut-être bien en cela trouver des
contradicteurs, car rien n'est plus varié que le
tiré en Bécasse, rien plus capricieux. Sans
m'étendre davantage je justifierai mon expression d'*ordre* par cette considération que le
tireur doit toujours être là, froid et très-sobre
de ses coups, en raison de la *remise*. Si vous
risquez un coup sans chances de réussite, vous
risquez la perte de la remise qui se fait naturellement plus loin. Si vous lâchez le second
coup, c'est encore pis. Soyez donc prudent,
ne tirez qu'à bon escient, au juger, si vous
voulez, quelquefois; mais n'en abusez pas.
Quand l'oiseau part de vos pieds, à l'arrêt du
chien, au fourré ou au demi-fourré, attendez
qu'il se *débrouille*, ne tirez pas à la *montée* de
la pièce, choisissez l'instant propice, le temps
d'arrêt, véritable éclair, entre la ligne verticale
et la direction horizontale ou plongeante de la
Bécasse. — Mon Dieu! que vous dirais-je de
cet heureux point d'intersection que nous
recherchons tous au tir!... C'est un mystère!
On ne l'apprend pas : il est le fruit d'un tact

inné. Il est l'attribut de ces amateurs nés privilégiés comme il faut l'être pour cette chasse poétique. Donc, « si votre astre en naissant ne vous a fait... bécassier, » tirez quand vous pourrez, quand vous voudrez, vos Bécasses. Elles pourront vous faire un pied de nez ou de bec, mais vous aurez aussi la chance du *raccroc*. Tous les coups qui tuent, comptent, après tout ; et le roi de la chasse peut bien être un maladroit. Il est vrai que cette monarchie est sujette à de cruelles révolutions, comme tant d'autres.

Le coup double est fort rare ici, et cependant il peut se faire sur la pariade de Bécasses au petit printemps de la fin de mars, mais il est difficile à réaliser. Du reste, il est toujours regrettable au point de vue de la conservation. Puisqu'il est regrettable *réussi*, ne le regrettons donc pas manqué.

Lorsque sur l'arrêt du chien ; la Bécasse part sans que vous puissiez la découvrir, ne faites aucun mouvement ; écoutez de toutes vos oreilles, et si vous avez affaire à un taillis de contenance restreinte et de forme carrée, vous entendrez la Bécasse se reposer lourdement, tomber en quelque sorte, quelquefois tout près de vous. C'est qu'elle est sortie de l'enceinte à son départ, qu'elle a pris et longé les bordures, tourné les angles et s'est remise non loin du *lancé*, peut-être sur la lisière à découvert. Allez donc à elle, le chien à vos talons d'abord, vous aux siens ensuite. Mais allez prudemment, et surtout attendez un instant avant de vous y rendre : laissez *refroidir* un peu la remise. Les bonnes remises sont les *remises tiè-des... et embaumées*. Si vous n'avez pas pris cette précaution de l'oreille, ou si vous avez tiré en conscrit écervelé, votre *coup* est perdu d'abord et votre remise ensuite, car probablement l'oiseau qui a vidé les lieux, le canton peut-être tout entier, ne *videra* pas, sur la *rôtie* de votre table... ce que vous savez bien, et ce que nous aimons tant.

Souvent, s'il se trouve près d'elle un gros baliveau, la Bécasse, en partant, se masque derrière le tronc. Elle se dérobe ainsi au point de mire. Vous couchez en joue, en faisant un mouvement pour la découvrir, mais elle tourne à mesure, derrière l'obstacle. C'en est fait, vous ne la tirerez pas cette fois-ci. C'est une rusée : allez à la remise, et si vous pouvez la retrouver, et que votre chien l'arrête encore dans le voisinage d'un grand arbre, adossez-vous bravement au tronc et attendez les événements, le cœur calme et surtout l'œil serein. Si la Bécasse tient fortement à l'arrêt, regardez d'abord la tête, puis les yeux de votre chien excellent; il vous indiquera la Bécasse; alors vous la verrez peut-être; dans ce cas, tirez par terre : c'est de bonne guerre en pareille circonstance, si du moins vous êtes au fourré. Mais tirez proprement, au bec seulement si votre position et celle de l'oiseau vous le permettent; sinon tirez en dessous; le gibier sera encore très-bon pour le salmis.

On comprend par là combien d'incidents résultent pour le tir de cette chasse variée et difficile; combien d'imprévus sur lesquels on pourrait discourir, tout en restant dans la narration sincère de faits vrais et exacts, quoique inouïs. Nous nous bornerons à la mesure des développements qui précèdent et qui n'ont

d'autre but que d'indiquer le degré de supé-
riorité sur les autres de cette chasse, qu'on connaît ou qu'on goûte généralement fort peu.
Puis, revenant à nos moutons, et en nous
réservant de traiter plus tard et à part, *in
extenso*, la matière féconde que nous venons
d'ébaucher, nous ne fermerons pas la bouche
sans nous écrier :

Heureux le *Bécassier* s'il connaît son bonheur !
Car de tout le gibier la Bécasse est la fleur.

E. VARENNE DE FENILLE.